ANEAS

Saíocht ó thraidisiún Gaelach na Mumhan

Words of Wisdom from the Irish Tradition of Munster

ANEAS

Saíocht ó thraidisiún Gaelach na Mumhan

Words of Wisdom from the Irish Tradition of Munster

Brenda Ní Shúilleabháin

Lanka Haouche Perren

Foilsithe den chéad uair ag Futa Fata, An Spidéal, Co. Na Gaillimhe

An Chéad Chló © 2014 Futa Fata

An Téacs © 2014 Brenda Ní Shúilleabháin

Grianghraif © 2014 Lanka Haouche Perren

Dearadh, idir chlúdach agus téacs: Karen Carty, Anú Design, Teamhair na Rí

Foras na Gaeilge

Tá Futa Fata buíoch d'Fhoras na Gaeilge (Clár na Leabhar) faoin tacaíocht airgid.

Fuair an t-údar tacaíocht airgid ó Scéim na gCoimisiún, Clár na Leabhar, rud a thug deis di díriú ar an saothar seo a chur i gcrích.

Futa Fata,
An Spidéal,
Co. na Gaillimhe,
Éire
www.futafata.ie

ISBN: 978-1-906907-78-5

Clár

A collection of resonant words and images, it breathes new life into the timeless verses, epigrams and incantations it introduces, or reintroduces, to the 21st century reader.

Focail bhuíochais agus aitheantais:

Ba mhaith liom buíochas a ghabháil le Cló Iar-Chonnacht a thug cead na línte ón dán Fill Arís le Seán Ó Ríordáin (ón leabhar Eireaball Spideoige, Sairseal agus Dill, 1952 athfhoilsithe in Seán Ó Riordáin: Na Dánta, Cló Iar-Chonnacht, 2011) a úsáid sa réamhrá.

Tá buíochas faoi leith ag dul uaim don Chumann le Béaloideas Éireann, agus dá dtréimhseachán iontach, Béaloideas. Bhaineas úsáid nach beag as eagráin luatha den tréimhseachán seo, agus is astu a tháinig *Ortha an Dóite* agus *Ortha Mhuire*, cuid de na tríréid, na hAonta, agus *Altú Tapaidh*. Tá saibhreas thar cuimse iontu, agus is fiú go mór féachaint tríothu.

Táim buíoch d'*Ár bPaidreacha Dúchais* (eag. Diarmuid Ó Laoghaire, S.J. FÁS, 1975-2004) as *Paidir Mhaidne*. Ó Bhríd Ní Chonchúir Uí Mhuircheartaigh, nach maireann, a tháinig *An Phaidir*. 'B'fhearr liom agatsa ná i gCill Chuáin é,' a dúirt sí.

Cuid mhór de na tríréid, thánadar ó Chaitlín Bean Uí Shé, gur dheineas eagarthóireacht ar a leabhar *Coitianta ar mo Pheann*, Coiscéim 2011. Uaithi sin, chomh maith a tháinig an cheathrú álainn *Flúirse*.

Táim buíoch do Cheaití Ní Bheildiúin, gur uaithi a chéad chuala *Trí Anam an Duine*.

Táim buíoch d'Eilís Ní Shúilleabháin ó Chúil Aodha, as a cuid eolais ar Mháire Bhuí Ní Laoghaire, agus do *Filíocht Mháire Bhuidhe Ní Laoghaire* leis an Athair Donncha Ó Donnchú, Oifig an tSoláthair, Baile Átha Cliath 1931, as ar tógadh an leagan seo de *An Búrcach Óg*.

Síle agus Aidan (nach maireann) Ó Maolchatha a bhailigh agus a d'fhoilsigh ábhar mór tábhachtach ón Leitriúch.

Ó m'athair críonna, Tomás Phádraig Ó Cinnéide a tháinig *Pósaí Fionntrá*, agus mórán eile ná fuil anseo.

Tá an saol faoi chomaoin ag Breandán Mac Gearailt as a mhórshaothar, *An Blas Muimhneach*, 1 agus 2, Coiscéim, 2007 agus 2010, as ar tháinig *Cáit Bhán* agus *Díothú Thomáis*.

Leabhar iontach eile, as ar tháinig *Socrú na Caillí mar is Áil Léi Féin* agus *Ní Mé an Teanga Liom-leat, Dánfhocail*, le Thomas F O'Rahilly, The Talbot Press Ltd. 1921.

Agus buíochas leis an Dr. Breandán Ó Cíobháin as an eolas ar an gceiliúradh deireannach i gCaisleán Ráthanáin.

Sandra Landers, Colleen Grace, Líle Ní Chonchúir, Mike Nilsson agus Mary Troy Fennell a léigh dréachtaí den leabhar agus a thug comhairle chiallmhar: nár laga Dia sibh.

As mo cheann féin, pé áit ar chuala ar dtús iad, a tháinig an chuid eile dá bhfuil sa leabhar. Aon bhotún in aon áit sa leabhar seo, is liomsa é, agus ní le mo chuid foinsí.

vi

Acknowledgements

I would like to thank Cló Iar-Chonnacht for their kind permission to include lines from the poem Fill Arís by Seán Ó Ríordáin (from the collection Eireaball Spideoige, Sairseal agus Dill, 1952 and Seán Ó Riordáin: Na Dánta, Cló Iar-Chonnacht, 2011) in the introduction that follows.

A special acknowledgement goes to An Cumann le Béaloideas Éireann, The Folklore of Ireland Society, and to their wonderful journal, Béaloideas. Early issues provided much of the material in this volume: *The Charm against Burns, Mary's Charm*, some of the triads, *The Auguries* and *A Quick Grace*.

Ár bPaidreacha Dúchais was a very useful source.

Morning Prayer came from Bríd Ní Chonchúir Moriarty. "I am happier for you to have it than to bring it with me to Cill Chuáin (the graveyard)", she told me.

The remaining triads came mainly from Caitlín Bean Uí Shé, whose book, Coitianta ar mo Pheann (Coiscéim 2011) I had the privilege of editing. She is also the source of the lovely quatrain, Abundance.

I am grateful to Kathy Weldon from whom I first heard the triad of the three souls of the human.

I am grateful to Eilís Ní Shúilleabháin, Coolea, for her generous sharing of her knowledge of Máire Bhuí ní Laoghaire, and also to *Filíocht Mháire Bhuí Ní Laoghaire* by An tAthair Donncha ó Donnchú, Oifig an tSoláthair, Dublin 1931, from which I sourced this version of Young Burke.

Síle and the late Aidan Mulcahy collected and published important material from the Brandon side of the Dingle Peninsula, and who collected *Coimín na Tíorach*.

The Flower of Ventry, and much, much more that is not here came from my grandfather, Tomás Phádraig Ó Cinnéide.

The whole of the Irish speaking world is indebted to Breandán Mac Gearailt for his seminal work, *An Blas Muimhneach*, Vols 1 and 2, Coisceim, 2007 and 2010. They were the source used for *Fair Kate* and *The Destruction of Thomas*.

Another wonderful book, from which I took *The Old Woman's Desire for Youth*, and *I Do Not Speak Ambiguously* is *Dánfhocail*, by Thomas F. O'Rahilly, The Talbot Press Ltd. 1921.

Thanks to Dr. Breandán Ó Cíobháin for his information on Rahinane Castle.

Sandra Landers, Colleen Grace, Dr. Viola Lang, Líle Ní Chonchúir, Mike Nilsson and Mary Troy Fennell read drafts of this book, and I am very grateful for their sensible suggestions.

All other material comes from what I heard in my own family and surroundings.

And of course, I am responsible for any errors this book may inadvertently contain.

Réamhrá

Maireann an draíocht i gCorca Dhuibhne, i neart gaoithe, i gcumhacht farraige, i séimhe gréine, trí chúig shiansa na hanama agus trí chúig céadfaithe an choirp. Cruthaíonn agus cothaíonn an draíocht sin an pobal. Pobal scéalta, pobal nathanna, pobal grinn, pobal tuisceanach, pobal fadaradhnach. Pobal ina gcaomhnaítear saíocht na sinsear, saíocht a seoladh ó bhéal go béal, ó ghlúin go glúin, thar cianta cairbreacha blian.

Scagadh agus fáisceadh an tsaíocht seo as saol deacair dian. Ón lámh go dtí an béal a mhair na daoine. Obair chruaidh chorpartha, ar talamh agus ar farraige, i dtigh agus i ngarraí, b'shin é dán gach aon duine. Pobal aontaithe ab ea an pobal seo. Pobal inar chumasaigh comhar agus féile gach aon duine ar a thuras.

Pobal ciúin ab ea é, gan le cloisint ann ach glórtha nádúrtha an duine agus an dúlra. Mhair an machnamh sa chiúnas. Spreag sé an aigne chun na mioncheisteanna agus na mórcheisteanna a chíoradh agus a chur trí chéile. D'fhás ionracas, tuiscint agus fealsúnacht phearsanta a d'fhorbair ina fhealsúnacht chultúrtha pobail i gcaint, i gcadaráil agus i bplé cois tine.

Ní bhíonn in aon ní ach tamall, agus is fada uainn inniu an ciúnas. Tá glór agus gleithireán inár dtimpeall ó mhaidin go hoíche, clagarnach scaipthe eolais, gan riar, gan rialadh, gan eagar, ár mbualadh ó raidió, ó theilifís, nó ó ríomhaire.

Mar sin, tá súil agam go dtabharfaidh an bailiúchán beag seo léargas do dhaoine ar an gciall a bhaineann le saíocht a sean, saíocht a bhaineann chomh dlúth leis an saol comhaimsireach agus a bhain leis an saol as ar fuineadh é. Faightear saíocht den saghas seo ins gach aon chultúr ar domhan, ach d'eascair sleachta an leabhair seo as an bpobal draíochtúil, éirimiúil a chuir fúthú i nDúthaigh Duibhneach agus a bhailigh fios ann.

Introduction

Raghaidh mé síos i measc na ndaoine de shiúl mo chos
Is raghaidh mé síos anocht.
Raghaidh mé síos ag lorg daoirse
Ón mbinib-shaoirse atá ag liú anso.

I will go down among my people. I will go on foot.
And I will go down tonight.
I will go down to seek relief
From the manic freedom that is screaming here.

(Seán Ó Ríordáin, Eireaball Spideoige, Sáirséal agus Dill, 1952)

The poet Seán Ó Ríordáin wrote these lines long before the time of the global village. He had no acquaintance with mobile phones, computers, the Internet, not even much with television. And yet, even he felt the difference between noisy urban environments and the quiet of the deep countryside at that time.

That difference has now been wiped out, pretty much, by the globalisation of communication and by the increasing technology which regulates both urban and rural life. Country children no longer play unsupervised in the fields. Fields have become too dangerous. Those who grew up without electricity, went to the well for water and produced most of their own food now routinely shop in supermarkets for vegetables from other continents and Skype their children and grandchildren across the world. Our fairy tales are now told by television; information is passed from screen to viewer, not from mouth to ear, as in the past.

This book is an invitation to look back to the lore of our Corca Dhuibhne ancestors. Folklore is exactly what it says: the distilled wisdom of a people, retained in tales, rhymes, epigrams and fables, passed from generation to generation by word of mouth. It is difficult to define wisdom but it is unmistakeable when it is encountered, and over the centuries people have taken care to remember and pass on what has been in harmony with their instincts.

The time of oral transmission has passed, engulfed and silenced by the mass media, with its constant stream of disjointed information, with every black swan in the world landing in every back yard. This book is an invitation to look back on a wisdom garnered in a very different way, in a small corner of the world, distilled out of the daily grind of a life that was physically demanding, and infused with an encompassing spirituality thousands of years in the making. The small collection here will, I hope, introduce, or reintroduce words of wisdom that resonate in every heart.

Do mo chuid den tsaol: Mícheál, Déirdre, Aoileann agus Sibéal – Brenda

Do mo mhac, Loïc – Lanka

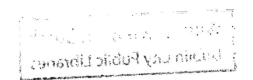

Flúirse

Tabhair agus gheobhair ó Dhia
Tabhair go fial agus gheobhair níos mó
An té gur leor leis beagán do Dhia
Is leor le Dia beagán dó.

1

Abundance

Give, and you will receive from God
The more you give, equally the more will He;
He who finds it sufficient to give little to God
God will find it sufficient to give him little in return.

2

Give, and God will give to you; Give more, and so will He.

He who gives little to God can expect by little in return.

Ar an bhféile, ar scáth a chéile, a mhair na seandaoine. Is uirthi a bhraitheadar. An té a roinnfeadh go fial lena chomharsain, dhíolfaí an comhar leis nuair a bheadh sé ina ghá. Riachtanas ab ea an comhar seo, riachtanas a bhain le pobal a mhair ón láimh go dtí an béal. Sa cheathrú seo, áfach, labhartar ar leibhéal eile féile, leibhéal lena luaitear uaisleacht agus suáilce faoi leith. Meabhraítear dúinn ago bhfuil an fhéile sa dlúth agus san inneach ionainn, agus gur ina roinnt a bhláthaíonn sí.

Le teacht innealra tí agus talmhaíochta, le teileafóin agus le teilifíseanna na linne ina mairimid, chúngaigh an saol. Maireann gach aon teaghlach ar leithligh leis féin. Tugann daoine aire dá gcúram féin. Ní fheictear an comhar ach in am an ghátair, le linn breoiteachta, abair, nó le linn báis. Ach níor cailleadh tuiscint air. Ceilte ins gach aon chroí, tuigtear gurb é ár leas cúram a dhéanamh dár gcomharsain, a bheith fial, a bheith oibleagáideach.

Is é an tábhacht, an daonnacht bhunúsach sin a bhaineann leis an bhféile a chuirtear faoinár mbráid sa cheathrú seo.

In a community living on the edge, with starvation always threatening, generosity was a vital virtue. Sharing was a form of barter. Those who shared generously with their neighbours could expect the same generosity in return. Farm labour required collaboration. Sheep grazed on common land. Horses were shared for ploughing. Many hands helped to store the hay for winter. And in times of scarcity, what little there was stretched to cover everybody.

The quatrain here, however, raises generosity to a higher level. It formulates what would in the modern world be described as a theory of abundance. It reveals a mindset which springs from values other than the material. It recognises that the truly precious can neither be bought nor sold and that those who give of what they have, be it little or large, with a full free heart, will receive in return life-enhancing gifts. This is a philosophy which resonates today. It is becoming obvious that greed and selfishness are not just unattractive, they are inefficient.

The ancients knew this. They were able to convey the importance of a sharing, collaborative mentality in four simple lines.

Ní Mé

Ní mé an teanga liom–leat
Ní thugaim m'ansacht go héasca
Mar a mbímse, bím ansin,
Ní bhím an taobh thall's an taobh so.

Ní mé an teanga liom–leat
Ní thugaim m'ansacht go héasca
Mar a mbímse, bím ann sinn

I Do Not

I do not speak ambiguously
I do not love easily,
Where I am, I am there
I am not a here-and-there man.

6

Níl aon mheas mór ar an Tadhg an Dá Thaobhachas i measc na nGael. Níl aon bhaol ná go bhfuil gá le discréid i gcomhluadar cúng. Agus is cúng, ar deireadh, gach comhluadar, bíodh sé i nDún Chaoin nó i nDún Éideann. Caithfear an t-anam príobháideach a chosaint. Ach ní hionann san, mar a deir an file anaithnid seo, agus a bheith i do theanga liom-leat.

Is é an smaoineamh seo an chuing idir dhá théama an dáin. Ní haon Tadhg an Dá Thaobh é, agus an rogha a dhéanann sé, fanann sé leis. Is dóigh liom go bhfuil sé sin mar aidhm fós, ag ár bhformhór agus sinn ag streachailt leis an saol. Ní mó ná maith a éiríonn le cuid mhaith againn, ach sin é, leis, an saol!

Integrity is highly prized, even if, in the modern world, spin, the strategic presentation of information is used to interfere with, and also sometimes deliberately to misrepresent true meaning. In this quatrain, we find a counsel of perfection. In the poet's ancient society, ambiguity and the ability to be indirect were essential elements in maintaining privacy within a small community. And even today we all create for ourselves, and live in, small communities, within the large urban environments in which we increasingly choose to live.

In the second line, on a totally new topic, the poet announces that as well as being direct and truthful, he is careful where he bestows his love. 'Ansacht' is an interesting word, now fallen into relative disuse, and it carries a meaning of a love deeper and more binding than physical intimacy, although, of course, it encompasses the sexual. This idea of love being a fundamental part of life connects the ideas presented in the first and last lines — constancy is clearly important to this person.

"Where I am, I am there" is a completely contemporary statement, although the original is generations old. Being in the moment is the counsel of the age, believed to confer benefits on health and on happiness. The firmness and strength of the poet's position describes a person comfortable in his skin, looking life in the eye, accepting what it sends.

In the last line of the quatrain, we return to the concept of the first. Neither in word nor in deed does this poet dissimulate. Would that be possible today? Would it even be desirable?

Paidir Mhaidne

A Rí na gile is na gréine
Agat féin atá fios ár bhfeidhme
Bí linn gach lá.
Bí linn gach oíche.
Bí linn gach oíche is lá.
Bí linn gach lá is oíche.

An Phaidir

Le hurnaithe múchtar fearg Dé,
Le hurnaithe fúigtear an t-anam gan bhéim
Le hurnaithe múintear maitheas gach béas,
Is le hurnaithe múscailtear aingil is naoimh.

A Rí na gile is na gréine
Agat féin atá fios ár bhfeidhme
Bí linn gach lá. Bí linn gach oíche.

Morning Prayer

King of brightness, King of the sun,
You know our purpose.
Be with us every day,
Be with us every night,
Be with us always night and day,
Be with us always day and night.

10

Prayer

We calm the anger of God with prayer
The soul is spotless in times of prayer
Goodness and manners are taught by prayer
Saints and angels awake with prayer.

San Ofráil Mhaidne seo, tá an t-athrá ar nós mantra, faoi mar a bheadh anam an lae agus anam na hoíche á ngairm chun cabhrach ar an té a ghuíonn. Tagann sé i bhfad aniar chugainn, múnla na paidre sin. Bhí ceangal ana-dhlúth idir na Ceiltigh agus an nádúr ina dtimpeall. Agus siar i bhfad sular tháinig aon Cheilteach i dtír, tógadh Brú na Bóinne mar chomóradh ar chasadh na gréine aneas inár dtreo i lár dhúluachair an Gheimhridh. Bhí an Brú ann roimh aimsir Phirimidí na hÉigipte. Lá mór ab ea lá casta na gréine, lá a gheall fás agus fómhar agus beatha. Sa chéad phaidir seo, aithnítear Dia leis an ngrian, coincheap Críostaí agus réamhChríostaí araon. Ceanglaítear an dá thraidisiún, gan aon achrann eatarthu.

Leanann an dara ceathrú an tuairim chéanna: as an bpaidreoireacht, tagann suaimhneas agus ciúnas. Déanann an phaidreoireacht, a deir an cheathrú seo, ár leas. Seo arís againn, inár ndúchas féin, an cosán chun forbartha a mholann lucht machnaimh an lae inniu. Cé nach n-aithnítear aon cheangal faoi leith a bheith sa mhachnamh nua-aimseartha le Dia, ní mór an difríocht idir an dá chóras. Déantar athrá ar fhrása, faoi mar a deirtear sa Choróin, nó i liodán, nó i mantra. Dírítear an aigne isteach ar ábhar faoi leith, rud a thugann suaimhneas ó thrioblóidí laethúla an tsaoil. Níl aon nuacht ann dúinne, Gaeil — bhí sé i gcleachtas ár gcine le cianta.

The first of these prayers encompasses traditional Irish belief, both Christian and pre-Christian. Newgrange was built long before the Pyramids, and its function was to welcome the winter solstice and the beginning of the sun's journey north. In time, Celtic gods like Aongus Óg and an Daghda became associated with Newgrange, and the old religion adapted and adopted new gods and new practices. But the importance of the sun remained. It generated fertility. It ripened crops. It warmed people's bones. It reached into every nook and cranny of life. Brightness is a wonderful gift, either in a day or in a person. In these days of constant light, when we worry about light pollution, we forget how brightness was a rare thing until quite recently. Lighting was poor, heating equally so. No wonder the sun was worshipped, and no wonder that traces of that ancient worship remain.

The Christian God, as traditionally presented, was a wrathful God. Fear was a major part of religious faith, fear of harsh judgement and of eternal damnation, something which the second quatrain reflects. And yet, it meditates on the nature of prayer in a wholly positive way. In the Irish tradition, prayer was part of every day, and there are prayers to accompany most daily activities. In the evening, prayer was familial. The Rosary included prayers for absent members, for emigrants, for the sick of the village, for the dead generations. Prayer was a unifying thread running through the whole of life. It flowed in a meditative stream, beads and words weaving together in a mantra empowering both the individual and the group.

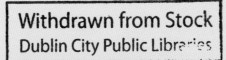

Deirim Dán

Deirim dán, ó deirim dán
An tráth a bhíonn mo bholg lán
An uair nach mbíonn mo bholg lán
Don deamhan dán ná amhrán.

13

Deirim dán, ón deirim dán
An tráth a bhíonn mo bholg lán
An uair nach mbíonn mo bholg lán

I Compose

I compose, oh I compose
When my plate is overflowing
With empty belly, och, ochone!
Devil a song or a poem!

I compose, oh I compose
When my plate is overflowing
With empty belly, och, ochone! Devil a song or a poem!

Bhí ardstádas ag aos dána sa tsean-saol Gaelach. Ní raibh aon duine níos airde ná an file ach an rí. Ba nós le clanna uaisle file pearsanta a bheith mar bhall teaghlaigh acu, chun a nginealach a ríomh, chun a ngníomhartha a mholadh, chun a n-imeachtaí a chlárú. Nuair a theip ar an saol sin, b'éigean do na filí a slí bheatha a thuilleamh faoi mar a fhéadadar. Níorbh fhuirist é sin go minic i gcúinsí na haimsire. Bhí a rian ar an bhfilíocht: file ocrach, file balbh.

Agus míníonn an file a chás go hachomair agus go cruinn sa cheathrú seo. Cé go bhfuil an fhearg agus an searbhas go soiléir ann, is trí mheán na filíochta a chuireann sé é féin in iúl. Bhí an rithim, an uaim, an rím inmheánach agus deiridh sa dlúth agus san inneach, ní amháin ag an bhfile ach ag an bpobal leathan, agus mhair an tuiscint instinneach sin anuas go dtí an lá inniu.

Poets in Ireland were of a very high standing, second in importance only to the king or the chieftain. A poet's training was long and arduous and it led to the patronage that was an integral part of Gaelic society. With the collapse of this society in the seventeenth century, poets lost income, status, and esteem. Not common sense, obviously. The writer of this quatrain was aware that the creative juices need a certain level of physical comfort in order for them to flow. Artists in difficult modern times would no doubt sympathise.

And yet, the entire culture was soaked in rhythm and in rhyme. Even in anger, this poet sustains his rhyming structure perfectly. In an oral culture this was an aid to memory. Every parish, every townland had its rhymer, its versifier, who recorded local events. In general, these rhymes survived a generation or two — until the memory of those involved was also lost. In this generation it has been possible to record the last of that tradition. The following poem is an illustration.

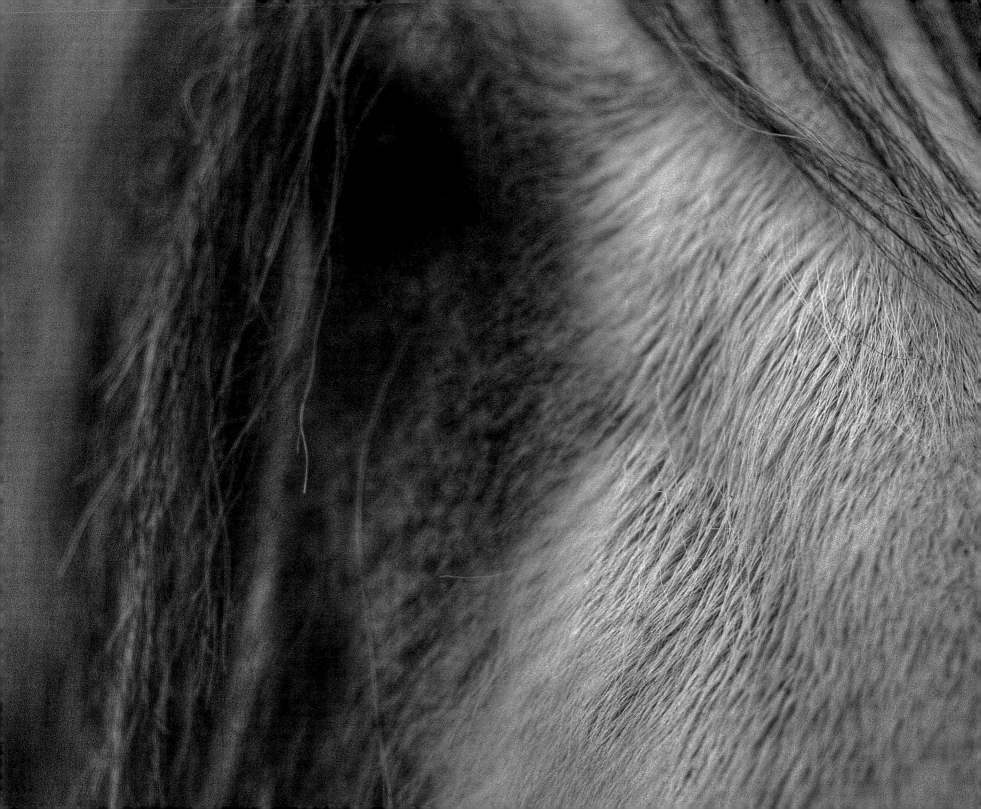

Pósaí Fionntrá

Lá an ráis is mé im' sheasamh ag an Srúill thoir
Sea do dhearcas mo Bheauty sa tiomáint
Ní raibh allas ar a malaí ná blúire
Ná rian fuipe tabhartha 'á cliatháin.

Agus láir mhór an Réalaigh, bhí súp léi
Agus allas ansúd léi ar snámh
Dá greadadh ag marcach gan trua dhi
Le fuip is le mórchuid den tsáil.

Nuair a chas sí ar ais chun an chúrsa,
Is í i bhfoirm na cú againn sa tiomáint
Do tharraing a marcach ró-chúng í
Is do leagadh ar a cúl í ar an dtráigh.

Dá mairfeadh sí siúd go tráthnóna
Do bheimis sa *ghlory* go hard
Bheadh luach chúig phuint d'fhuiscí 's do phórtar
Age buachaillí pharóiste Fionntrá.

Bheadh *band* agus ceolta 'na timpeall
Aoibhneas is spórt mór go lá
Mar gheall ar an láirín ghlas cheolmhar
Gurbh ainm di Pósaí Fionntrá.

Dá mairfeadh sí bliain eile féinig
Do thabharfadh sí an suae léi ós gach aird
Do gheobhadh sí siúd coirce agus féar glas
Agus deoch bainne caorach gach lá.

Níl aon chapall age Niallagain ná ag an Réalach
Ná ag aon staigín eile in aon chor san áit
Mar mheasaim do rithfeadh seal léithe
Ná a thabharfadh an svae léithe 'ón dtráigh.

17

The Flower of Ventry

On the race day, I stood by the river,
To watch our great mare as she raced,
No sweat marred her hocks, nor did whip marks,
As she passed me with galloping grace.

The back of John Rayle's mare was steaming,
With sweat in great streams down her sides,
With her rider's whip lifting and weaving,
And his spurs digging deep in her hide.

When she came to the turn at the course end,
Like a greyhound, she stretched herself out,
And her jockey reined in far too tightly –
Her neck broke, she fell to the ground.

Had she lived to the end of the evening,
We'd have had such a glorious day,
The Ventry boys, flush with her winnings,
Would have partied till next break of day.

We'd have bands and musicians around her,
We'd dance til the dawn like the gentry,
To honour our good tempered grey mare
We all called the bright Flower of Ventry.

Had she lived one more year, we would take her
To races all over this land,
We would feed her with oats and on hay sweet
And a drink of sheep's milk from our hands.

There's no other horse in this country,
In spite of what John Rayel might say,
That would hold her a candle in races,
Or could beat her on Ventry's big day.

18

Baineann traidisiún láidir capall le Corca Dhuibhne. B'é an capall príomhainmhí na feirme, chun oibre agus chun caitheamh aimsire. Fiú amháin fós, bíonn ráiseanna ar Thráigh Bhéal Bán, le hais Bhaile an Fhirtéaraigh. Bíonn tarraingt ar Ráiseanna an Daingin, príomhlá ráis an cheantair, ó gach cearn d'oileán na hÉireann, agus toisc gan na Ráiseanna a bheith faoi stiúir an 'Turf Club', is mó scéal agus eachtra a thagann astu. Ach is beag eachtra chomh brónach le scéal Phósaí bhoicht Fionntrá, a rith ar a míle dícheall Domhnach gréine fadó.

Ní fheadair éinne cén bhliain a rith Pósaí Fionntrá a rás ar thráigh a paróiste féin, ach pé bliain í, bhí an mí-ádh uirthi, agus chaoin an paróiste í. Coimeádann ruacáin áitiúla mar seo cuimhní agus nósanna beo — ní mór ná go gcloiseann tú an gleo, agus tú i do sheasamh ag an Srúill, an sruthán is comhgaraí do Cheann Trá den dá shruth a ritheann trasna na trá fada sin.

I bpobal cultúir béil, is i ndánta mar seo a cuimsíodh an stair. Úsáideadh mar mhagadh iad, mar chuntas, mar mholadh, mar cháineadh agus mar chaoineadh. Mothaímid tríothu na seana-laethanta, an saol a chaith na scríbhneoirí, an chuileachta a bhíodh acu, an greann a bhí iontu. Cé gur fada faoin bhfód iad, aithnímid a mbrí. Agus má tá fonn cearrbhachais ort, tá ceacht i bPósaí Fionntrá duit.

The Flower of Ventry is a good example of the use of rhyme and rhythm to record local events, following a tradition of composition that is characteristic of oral culture. This, and poems like it are a storehouse of language, containing words and phrases that have fallen out of use, but not out of usefulness.

The Flower was probably a working pony, with a turn of speed. But rivalry between parishes is a great spice in the life of a rural community, and here we see that Ventry believed that it had found a winner. And then the idiot jockey mishandled the horse, turning her too tightly and causing her death, and desolation among her supporters.

It would be interesting to know what happened to him — he was hardly bought a celebratory drink in Nora Flaherty's pub that evening. As Nora's was the only pub in the parish, he probably had to do without. But the memory of the Flower, and of the Rayels, and indeed of the whole Ventry Horse Races, now discontinued due to the ubiquituous health and safety regulations of the present era, lingered down the years. It stayed with us long enough for me to capture it from my grandfather who remembered The Flower, and probably lost money on her. So there is the lesson: take care where you gamble. There is never a guarantee.

Altú tapaidh: roimh bhia

Benedicamus Domino!
Prátaí bána is bainne leo.

Tar éis bídh:

D'itheamair an méid sin
Agus nár bheire sé don chré sinn,
Agus abraíg' go léir "Amen".

D'itheamair an méid sin
Agus nár bheire sé don chré sinn,
Agus abraíg go léir "Amen".

Prayer before meals:

Bless us, O Lord!
White potatoes with milk!

After meals:

Well, we ate that much,
And that it may not kill us,
And let you all say "Amen".

Bhí am ann, na céadta bliain ó shoin, nuair a chuireadh pobal Chiarraí Luachra alltacht ar thurasóirí mór le rá lena gcumas comhrá sa Laidin agus sa Ghréigis a fuaireadar ins na scoileanna scairte. Tá rian den léann sin san altú gairid seo, "Benedicamus Domino", beannaímis an Tiarna! Dá mhéid deabhaidh agus grithil a bheadh ar dhuine agus é scufa chun oibre, chaithfeadh sé buíochas éigin a ghabháil leis an Tiarna a sholáthraigh bia dhó.

Tá macalla anseo chomh maith den bpearsanacht a ghreamaigh an Seabhac chomh cruinn sin in "Flúirsín", an fear ar an mBaile Seo Againne go raibh oiread grithil chun an tsaoil air gur mhór leis an greim a chur i mbéal lucht oibre, agus a dúirt go minic gur thrua nach déanamh cléibh a bhí ar an duine sa tslí is nár ghá dhó ach ithe uair sa tseachtain.

Ní mór an meas a bhí ar na buachaillí aimsire, ná ar na spailpíní a dhíol a saothar ar feadh tréimhse ar aontaí haidhreála: thógadh feirmeoir fear ar cíos ar a phá ar feadh séasúir nó ar feadh leathbhliana. Gheibheadh sé bia agus leaba – gabhál tuí ar urlár sciobóil go minic – agus a chúpla pingin agus é ag dul abhaile. Ní mór an pheataireacht a dhéantaí ó thaobh bia air, agus b'fhéidir gur i gcuimhne spailpín ocraigh éigin a mhair an beannú thuas.

In this lovely "quick grace", we hear all the excitement, the rush, the pressure of a hardworking farm kitchen, where prayer is recognised, but harvest time demands speed.

Prayer accompanied every aspect of daily life in Ireland. "God bless the work" was a common greeting. "In ainm Dé an obair seo". "This work is done in the name of God" was said at the initiation of any task. This prayerful approach would possibly have increased concentration and mindfulness. A task done in the name of God would have been completed with attention and respect, and this was ideally how all household and farm tasks were carried out. "Críochnúlacht" (thoroughness) was a highly prized social virtue. People were proud of their skills. A good housewife, a good ploughman, a good carpenter, all were highly regarded in their communities.

In its quirkiness, this quick grace encompasses also the probability that many people, even in highly devout times, were a little sceptical. In small communities, it was not possible to avoid convention, but a superficial adherence such as that given above was probably common. It is a sort of in-joke. The community would understand that the speaker was not particularly religious, and probably not particularly generous. He wanted people to get up and go to work, and to waste as little time as possible eating – or praying.

Socrú na Caillí mar is Áil Léi Féin

Iarraim mé bheith óg arís,
Iarraim ar Dhia mé a bheith deas
Na hiomairí a chíonn fir óga im' ghrua
Iarraim ar Dhia a mbaint as.

Im' chosaibh go dtige lúth,
M'fhiacla go rabhaid go dlúth rógheal,
Go ndírí mo dhrom arís,
Agus trí trír d'óighfir at tnúth lem' ghean.

Iarraim mé bheith óg arís,
Iarraim ar Dhia mé a bheith deas
Na hiomairí a chíonn fir óga im' ghrua, Iarraim ar Dhia a mbaint as.

The Old Woman's Desire for Youth

I beg to be young again,
For prettiness I beseech God,
The wrinkles the young men see
In my cheeks, may they be gone.

May my legs grow more athletic,
May my teeth be white and strong
May my back be straight once more,
And may three trios of young men desire and seek my love.

26

I beg to be young again, For prettiness I beseech God,
The wrinkles the young men see
In my cheeks, may they be gone.

Is beag orainn dul in aois, go bhfóire Dia orainn. Gach aon duine againn, fear nó bean, ach go mórmhór an bhean. Samhlaítear dúinn, in aois seo na fógraíochta, aois ina bhfaigheann an óige adhradh, gur lenár linn féin a d'eascair an dúil san óige, ach is léir nach aon scéal nua é. Tagann an teachtaireacht chugainn ón seanashaol i seanfhocail, i rannta agus i scéalta. Sé seo, b'fhéidir, an ceann is treise a thagann ó na mná. Ní chuireann sí fiacail ann, an tseanabhean seo. Tá tuiscint agus léargas cruinn aici. Agus iad seo atá ina diaidh inniu, agus iad críonna, tá ráiteas acu a thuigfeadh sí go maith "Go bhfága Dia mo chiall agus mo dhá chois agam."

Féach go gcreidtear gur fear a scríobh an píosa seo, Tomás Ó Glíosáin – sin fear go raibh tuiscint ann.

We often think that the current obsession with ageing, or with preventing that natural process, is a recent idea. But had Botox been available to previous generations, there clearly would have been a market. Universally and eternally, women have sought to prolong youth, and, universally, they have lost the battle. A good way of dealing with age is with the wry acceptance implicit in this poem. Speaking to a group of elderly women in recent times, they felt the parts they would most like to remain youthful were their legs and their wits. "May God leave me my wits and the use of my legs," they say, with good humour, and for purely practical reasons.

Curiously, the writer of this little piece was a man (possibly Tomás Ó Glíosáin) – one who understood women, obviously. Or who understood the universal reality – youth is fleeting, and the gradual loss of its physical perfection is much regretted.

An Búrcach

A Bhúrcaigh Óig ón gCéim
Mar a dtéann an fia chun strae
Fill thar n-ais agus beir leat bean
A dhéanfaidh beart dod' réir.
Ná fág í siúd id' dhéidh
Mar gheall ar bheagán spré
Dá dtíodh a clann sa bhruíon le d'ais
Go mbuafaí leat an *svae*.

Mara mbeadh crosa is fán an tsaoil,
Is bás a hathar féin,
Bheadh flúirse mhór dá stoc ansúd
I ngaorthaibh cumhra réidhe;
Marcaíocht shocair shéimh
Is culaith den tsíoda dhaor
Leabaidh chlúimh bheadh faoina com
Is cuirtín dúnta léi.

Sí Neil Ní Mhicil Chnámhaigh
An ainnir mhúinte mhná,
Gaol na bhfear is na dtíosach ceart
Thuill clú agus meas riamh d'fháil
Seomraí brúchtaibh bháin
Is machaí bó ag tál
Mná dea-chlúmhail 'na dtithe súd
Do riarfadh flúirse aráin.

A Bhúrcaigh úd 'tá thuaidh
Ag ciumhais na Locha Lua
Beidh ort léan má thréigeann tusa
Craobhfholt dheas na gcuach;
Céile shocair shuairc
Do bhé dheis bheadh gan ghruaim
Go bhfuil an *svae* aici dá réir
Ó chaol an ghleanna go cuan.

Ar maidin Domhnaigh Dé
Is í thaistil chugainn thar Céim
An ainnir mhúinte chneasta chlúmhail
Ba dheas é dlúth a déad;
Bhí lasadh lúr na gcaor
'Na leacain úir bhig réidh
Ba phras é a siúl ar bharr an drúcht'
Gur sciob sí an Búrcach léi.

29

A Bhúrcaigh Óig ón gCéim, Mar a dtéann an fia chun strae
Fill thar n-ais agus beir leat bean
A dhéanfaidh beart dod réir.

Young Burke

Young Burke from Keameneigh,
Where hart and stag both stray,
Please come back and bring along
A spouse for your estate.
Her dowry doesn't rate
But that should not dissuade
In every plight her folk will fight
And help you gain the day.

But for misfortune's sway,
And her father's death in vain,
Her flocks of sheep and cows and geese
In fertile fields would graze,
A gentle well-bred mare,
A cloak with golden braid,
A feather bed beneath her head
With velvet curtains draped.

Young Nell Ní Mhicil Chnámhaigh
Is well brought up and taught,
She comes of men of thrift and sense
Respected well by all.
They owned good herds and stock,
And fine, well ordered flocks,
Their women too, of high repute
Held wide and generous hearths.

Young Burke from near the lake,
Down by the water's edge,
You will regret, if you neglect
Young Nell of beauteous hair.
She'll make a lovely bride,
And a gentle, happy wife,
No better girl exists beside
The lake or by the tide.

On a bright and fine Sunday,
She came across the Keam,
In beauty bright with youthful style,
We all hoped she would stay.
With rosy cheeks so fair,
And sunlight in her hair,
She strode across the dew along,
And swept young Burke away.

30

Dán mná láidre. Níorbh aon dóithín Máire Bhuí Ní Laoghaire, agus ní móide gurbh aon óinseach a bhí á moladh aici dá mac. Bean ab ea í ná raibh faoi smacht gnáis. An rud a mhol sí dá mac, is é a bhí déanta aici féin as a hóige. D'éalaigh sí lena céile, ceannaí capall ó Chiarraí Theas, agus gan í ach ins na déaga. Is é a bhainfeadh duine as an dán seo, a chantar fós i Múscraí agus in Uíbh Laoghaire, ná go raibh cleamhnas á bhrú ar Mhícheál. Níor thaitin an cleamhnas le Máire, is léir. Má bhí airgead agus tailte ag an mbean óg a bhí á cur faoina bráid, níor leor léi é. B'fhearr léi bean a dhiongbhála a bheith ag a mac, agus bhí bean ar aithne aici a d'oirfeadh go maith dó, dar léi.

Ar aon chuma, is dealraitheach gur ghlac Mícheál comhairle a mháthar, nó b'fhéidir gurb amhlaidh a thit sé i ngrá uaidh féin. Phós sé Neil Ní Shúilleabháin, ach níltear cinnte ar mhaireadar go sásta. Chailleadar a ngabháltas, agus chaitheadar triall ar Shasana Nua ar feadh an chuid eile dá saol.

Máire Bhuí Ní Laoghaire of Céim an Fhia, (Keameneigh), in Cork, was a noted eighteenth century Irish poet and songwriter, whose words are still sung in her native Uíbh Laoghaire, the country of the O'Learys. Here she is speaking to the third of her six sons, Mícheál, giving advice that goes against the mores of her society. At that time, marriages were arranged, 'matches', as they were called, pairing young women and young men according to the wishes of their parents. These matches were contractual arrangement between people in similar social and economic circumstances.

Máire does not accept this business-like approach to selecting a spouse. She looks at the personal qualities of her choice of bride and of her family, rather than at the size of her dowry. She is also wise enough to emphasise her chosen girl's beauty. Máire may have been influenced by the fact that she herself had eloped, at the age of eighteen, with Burke the horse trader from Sneem. In keeping with Irish tradition, she retained her own name. It is, of course, interesting that despite her radicalism, she expected Mícheál to allow parental opinion to influence his choice of bride.

And we know that he did take her advice. Life was not altogether good to the young couple, who ended up emigrating to New England, where we hope life was better for them.

Ortha an Dóite

A Labhráis naofa, táim dóite!
A Labhráis naofa, táim dóite!
A Labhráis naofa, táim dóite!

A Labhráis naofa, táim dóite!
A Labhráis naofa, táim dóite!
A Labhráis naofa, táim dóite!

Charm for a Burn

Saint Lawrence, I'm burning!
Saint Lawrence, I'm burning!
Saint Lawrence, I'm burning!

34

Saint Lawrence, I'm burning!
Saint Lawrence, I'm burning!
Saint Lawrence, I'm burning!

Tá sí seo ar cheann de na horthaí is simplí agus is taitneamhaí sa Ghaeilge. Níl inti ach aithint ar an ngoin, agus ar an dtinneas mór a ghabhann léi, agus tríd an aithint sin, dóchas sa leigheas agus sa chabhair. Nach spéisiúil go raibh eolas ag na seanaghlúnta ar Labhrás, a mhair ó dheas san Iodáil dhá chéad bliain sular fuadaíodh Pádraig go hÉirinn?

Spéisiúil chomh maith go ndeirtear an abairt chéanna faoi thrí. Bhí uimhir a trí tábhachtach sa traidisiún Ceilteach, agus sa chás seo, neartaíonn sí ár dtuiscint ar an loscadh géar a leanann an dó. Ní iarrann an ortha seo cabhair go díreach — ní dhéanann sí ach a cás a chur in iúl. Má tá cabhair le teacht, fáilteofar roimpi. Ach muna bhfuil, déarfadh na seandaoine, "Dé bheatha toil Dé." Deiridis an abairt sin le hiomlán a gcroí. Bhí fáilte go fíor acu roimh thoil Dé, agus dá uafásaí an rud a tharla dóibh, deiridis le dúthracht "Ba mhó Páis Chríost ná é", agus bheidis sásta. Sa lá inniu, léifeadh daoine Rumi ar thóir na teachtaireachta céanna. Tá Rumi go maith, go deimhin, ach féach go bhfuil a mhacsamhail go sláintiúil inár dtraidisiún féin.

St. Lawrence, one of the deacons of the Roman Church, was burnt to death on a gridiron by edict of the Emperor Valerian on the 10th of August 258. His horrific death is a common image in Christian art. There is a particularly interesting mosaic in Ravenna, where Lawrence appears to be dancing happily in the direction of the blazing gridiron.

So while some charms come from a distinctly pre-Christian belief, this one is strongly within the Roman Catholic tradition, and it is likeable for its total simplicity. The pain of even a small burn is intense, and somehow this threefold repetition of a simple statement is a mindful acceptance of that pain. In the same way, "the will of God" was accepted in every misfortune. Today, in search of that pure acceptance of life as it is, people read Rumi. It is interesting that the wonderful old Sufi shares with our ancestors the same deep understanding of mindful being.

Trí Nithe

Ceo, ceol agus seoltóireacht – trí páirteanna den draíocht.

Mist, music and sailing – three parts of magic.

Na trí nithe ar a mbíonn sonas:

Fuirse, faladh agus mochóirí.

Three things that bring good fortune:

Harrowing
Sowing
Early Rising

Three things that bring good fortune:
Harrowing, Sowing, Early Rising

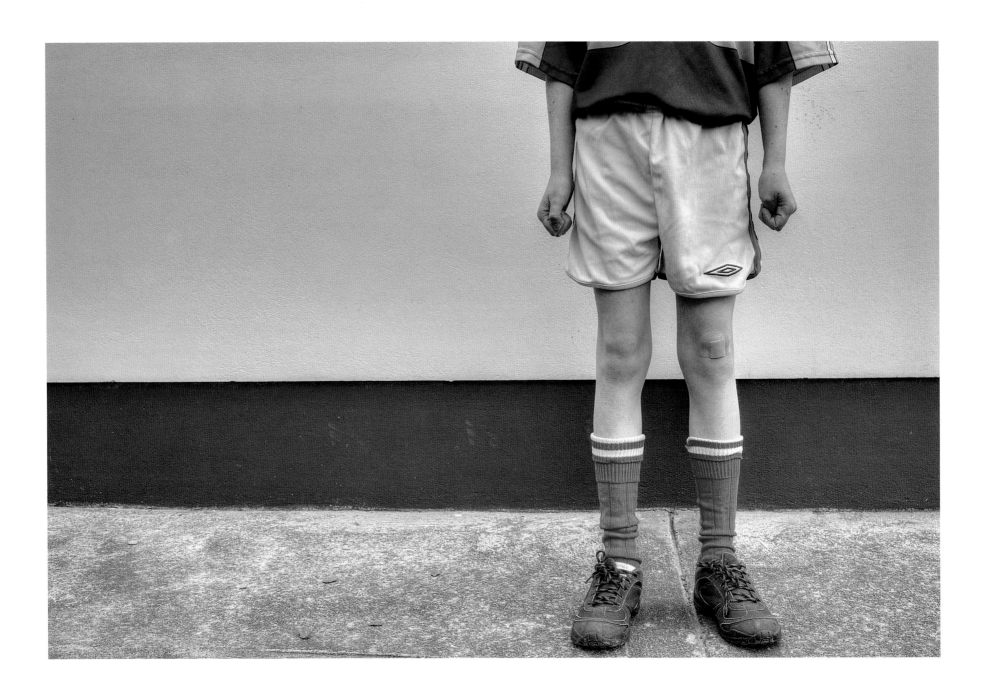

Ná trí nithe is mó goile:
Banaltra thál linbh,
Garsún gabhal-ard breac-loirgneach,
Seanduine gan chiall gan náire.

The three things with the greatest appetite:
A nursing mother,
A long-legged, freckle-shinned boy,
An old man with neither sense nor shame.

Na trí cairde is fearr is na trí naimhde is measa:
Tine, gaoth is uisce.

The three best friends and the three worst enemies:
Fire, wind and water.

Na trí cairde is fearr is na trí naimhde is measa:
Tine, gaoth is uisce

Na trí anam atá sa duine:
    anam anála,
    anam mothála,
    agus anam spioradálta.

The three human souls in all of us:
    The soul that breathes,
    The soul that feels,
    The soul that is.

The three human souls in all of us:
The soul that breathes, The soul that feels, The soul that is.

Seo cuid de dhraíocht uimhir a trí sa traidisiún Ceilteach. Aithníodh buaine léi, aontas agus neart. Bhí an trí sa tseamróg, sa triskel Briotánach agus i dtríonóidí diaga. Ins na tréanna béaloidis, bailíodh tréithe, cosúlachtaí, contrárthachtaí. Liostaí gairide a bhíogann sinn, a leathnaíonn ár dtuiscint, a thugann léargais dúinn. Is minic a bhaineann siad gáire asainn chomh maith. Múintear cuid mhaith, i dtraidisiún na Gaeilge, tríd an ngreann.

Ach is é an cur síos ar an anam an cur síos is tábhachtaí i measc tríréad an leabhair seo. Tríréad an-soiléir. Aithníonn sé an corp, an aigne agus an t-anam, agus déanann sé idirdhealú eatarthu. Luíonn sé go díreach agus go beacht le tuiscintí nua-aimseartha. Ní teagasc de chuid na hEaglaise Caitlicí é, cé ná sáraíonn sé aon chuid de dhogma na hEaglaise sin. Ní foláir mar sin, nó gur tuiscint é a mhair buan ón seanashaol. É sin agus an tríréad ar pháirteanna na draíochta, léiríonn siad misteachas an ghnáthdhuine agus an ghnáthshaoil i gCorca Dhuibhne go dtí ár linn féin.

Triads were popular in traditional lore. The number three itself was important in Celtic mythology. We see it in symbols like the triskel, in the trinitarian nature of gods like the Morrigan and even in speech. Triads were little aphorisms. They illuminated ideas. They were frequently funny, and always pointed. The examples here all remain true today: those of greatest appetite, for example, are probably still those listed here. The natural, healthy apetite of a nursing mother or of a growing boy is contrasted with the silly greed of dementia. (Obesity was not a problem in ancient times.)

But the description of the soul is truly interesting. Without breath, there is no physical life, and modern meditation techniques focus great attention on its importance. There is no such focus in the Irish tradition; but there is clearly a recognition that physical life was enabled by the breath. The feeling soul: feelings are transient. Emotions are passing things, even though they are deeply powerful. Love can be both ferocious and gentle. Anger can be both righteous and aggressive. Fear can produce wise caution or crippling anxiety. But all these emotions pass. And the tradition separates both the breath and the emotions both from the spiritual, the eternal, the quiet centre. This concept, now found both in contemporary medicine and in New Age thinking, strikes us as extraordinarily modern, but, as we see, this is not so. We knew it all the time.

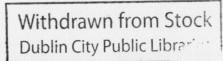

Cáit Bhán is í Marbh.

Táim sínte ar do thuama agus gheobhair ann go síor mé,
Dá mbeadh barra do dhá lámh agam, ní scarfainn leat choíche,
A úillín is a ansacht, nach é am domsa luí leat,
Nuair atá b'ladh fuar na cré uait, dath na gréine is na gaoithe.

Nuair is dóigh le mo mhuintir go mbímse ar mo leabaidh
Ar do thuama a bhím sínte ó oíche go maidin
Ag cáiseamh is ag caoineadh is ag crua-ghol go daingean
Ar mo chailín ciúin stuama a luadh liom 'na leanbh.

An cuimhin leat an oíche a bhíos-sa agus tusa
Faoi bhun an chrainn chárthainn is an oíche ag cur sheaca
Céad moladh mór le hÍosa nár ghníomar an peaca,
Is go bhfuil an choróin mhaighdeanais 'na shoilse ort sna Flaithis.

Tá na sagairt is na bráithre gach lá liomsa i bhfearg,
I dtaobh a bheith i ngrá leat, a Cháit Bhán is tú marbh,
Mar do thug mo chroí grá duit, is go bráth bráth ní scaipfidh,
Nó go mbeidh an choróin dhéanach orm thíos ins an talamh.

Is cuir do mhallacht ar do mháithrín, is ní áirímse t-athair,
Is a maireann dod' chairde gach lá an fhad a mhairfidh,
Nár lig dom tú a phósadh, is tú beo agam id' bheathaidh
Mar ná hiarrfainn mar spré leat ach luí leat sa leabaidh.

Táim sínte ar do thuama agus gheobhair ann go síor mé,
Dá mbeadh barra do dhá lámh agam, ní scarfainn leat choíche,
A úillín is a ansacht, nach é am domsa luí leat,
Nuair atá b'ladh fuar na cré uait, dath na gréine is na gaoithe.

49

Táim sínte ar do thuama agus gheobhair ann go síor mé,
Dá mbeadh barra do dhá lámh agam, ní scarfainn leat choíche,
A úillín is a ansacht, nach é am domsa luí leat,

Elegy for Fair Kate

I am stretched on your grave, I will lie there forever,
As my heart reaches out for the tips of your fingers,
Beloved, my sweetheart, in this cold bed we lie in,
I can smell the damp clay on the wind blowing by me.

When everyone thinks that in bed I lie sleeping
I'm lying on your gravestone, forlorn and weeping,
Long nights till the dawning I'm calling and keening
For my bright blonde-haired darling, gone far from my keeping.

I remember the evening when we sat, in our courting,
Our arms were entwined as we sat 'neath the rowan,
We fell not in sin, not on that night, or ever,
Now your virginal crown shines bright in God's heaven.

The priests and the monks are not pleased that I never
Forget our true love, though you've left me forever,
My love is as deep and as strong as the river,
And that love I will keep till I join you in Heaven.

I curse your poor mother, and likewise your father,
And all of your friends I would wish to the slaughter,
They forbade our love, and prevented our marriage,
Though I wanted no dowry, just the joy of our bonding.

I am stretched on your grave, I will lie there forever,
And my heart sadly weeps for the touch of your fingers
Beloved, my sweetheart, in this cold bed we lie in,
I can smell the damp clay on the wind blowing wildly.

I am stretched on your grave, I will lie there forever,
As my heart reaches out for the tips of your fingers
Beloved, my sweetheart, in this cold bed we lie in,

Saol eile ab ea an saol óna dtagann an t-amhrán seo. Bhí cosc dian ar ghrá collaí roimh phósadh, cosc a raibh tacaíocht iomlán an phobail aige. Admhaítear san amhrán seo an cathú a bhí ar an lánúin óg, agus an t-áthas a bhí sa deireadh ar an bhfear óg agus a ghrá geal imithe chun an Bhreithiúnais – "Céad moladh mór le hÍosa nár ghníomar an peaca…" Ní fíos cad a mhairbh Cáit. Ach is téama é a chloistear go minic: is dócha gurb í Úna Bhán an sampla is aitheanta – caoineadh óigfhir ar a ghrá geal a cailleadh anabaí.

San am ina bhfuilimid, ní mór a thuigfeadh an creideamh, nó an saolbhéas áirithe seo. Ach anseo is ansiúd, cloistear mná óga a deireann nach cathair mar a tuairisc í cathair seo na saoirse móire. Go mb'fhéidir nár mhiste an saol collaí a bheith rud beag níos rialaithe. Inseoidh an aimsir an bhfuil an ceart ag na glórtha beaga faiteacha seo.

This is a song that describes a different time. Sex before marriage was completely taboo. For girls, the prospect of unwanted pregnancy was truly and justifiably terrifying. Unfortunate girls who became pregnant outside of marriage were ostracized by their family and community. In more recent times, they were consigned as virtual slave labour to the Magdalen Laundries, whose abuses are now well known all over the world. Most girls really did not engage in premarital sexual relations, and men did not expect it of them. Temptation, however, was only natural. In this lament for his dead beloved, the poet celebrates the fact that their self-control at a moment of temptation means that his girl retained her virginity, so that in death she might achieve a higher place in heaven. He would have believed completely in what he said.

And many died young in days gone by. At the beginning of the twentieth century, TB was a plague throughout Ireland. It attacked mainly the young, often the beautiful. It was a long, slow death. Like many a plague, it was so feared that victims were avoided, leading often to a lonely demise. There are verified accounts of priests hearing confession in the open air to avoid contagion in claustrophic confessionals. It is said that they sprinkled their garments liberally with paraffin, thought to have antibacterial properties.

This poet, however, is so grief-stricken that he spends his nights on the gravestone of his dead beloved. That is unusual: the normal perception in Corca Dhuibhne would have been that the spirit, or essence, departs the body which was simply its vessel, and not important in itself. The poor young singer was so deeply and physically in love that he had forgotten this.

Ortha Mhuire

'Mar rug Anna Muire is mar gur rug Muire Críost,
Mar rug Éilís Eoin Baiste, gan díth coise ná lámh,
Fóir ar an mbean, a Mhic.'

'Fóir féin, a mháthair, ós tú rug an mac,
Tabhair an ghin ón gcnámh
Agus go mba slán a bheidh an bhean.'

'Mar rug Anna Muire is mar rug Muire Críost, mar rug Éilís Eoin Baiste, gan díth coise ná lámh, fóir ar an mbean, a Mhic.'

Mary's Charm

'As Anna bore Mary and Mary bore Christ,
As Elizabeth bore John the Baptist,
Relieve this woman, my Son.'

'Come to her aid yourself, Mother,
As you bore the Son, bring this conception
safe from the womb,
And may the woman be whole.'

54

'As Anna bore Mary and Mary bore Christ, as Elizabeth bore John the Baptist, relieve this woman, my Son.'

Níorbh aon dóithín sa tseanaimsir a bheith i leaba luí seoil. Is mó bean nár tháinig aisti. Mar sin, is ó dhoimhneas an chroí a thagann impí an ortha seo, ón mbean féin nó ó na mná cabhartha a bhíodh ina timpeall. Cuirtear na focail i mbéalaibh Muire agus a Mic, le faitíos agus le dóchas. Ar nós formhór a bhfuil sa leabhar seo, tagann an ortha ón gcian-traidisiún. Faightear i gcuid mhaith de chultúir an domhain é, impí agus achainí ar an Dia, ar an gcruinne, ar chumhachtaí ósnádúrtha teacht i gcabhair ar an daonnaí bocht dearóil in am an ghátair.

This charm for childbirth is in the form of a conversation between Mary and her Son, Jesus. It is an echo of the conversation between them at the marriage feast of Cana, where Jesus performed his first, and most convivial, miracle. Though very common in the Irish song tradition, the conversation format is not often found in a charm. It constitutes a clear, simple request, part of the direct connection with the divine, which was so strong in the psyche of the traditional Irish. It is a thread that runs through much of this book. And of course it originates in a time when childbirth was fraught with danger. Maternal mortality rates were appallingly high and divine protection was earnestly sought.

Díothú Thomáis

Scríobhfadsa litir amáireach is cuirfead thar sáile duan;
'Neosfad dom charaid is dom chairde go bhfuilimse cráite duairc
Níl tuilleamh ag feara ná mná anois is d'imigh ár bpá maith uainn
Free trade do chreach is do chráigh sinn is a d'fhág na Stáit faoi bhuairt.

Bliain a' dtaca seo bhíosa fé charbhat buí agus bán,
Ba dheas iad mo bheist is mo bhríste is mo hata bhí díreach ard,
Bróga den leathar ba dhaoire, agus casóg bhreá bhuí gan cháim,
Is nuair a gheobhadh an bailiú im' thimpeall is blasta bhíodh cúig im' láimh.

Léan ort a Ruiséalaigh ghránna, is a Chollins gan náire id' phlaosc,
Do gheallabhair obair is pá dhúinn is tuilleamh gach lá dá réir,
Anois níl na muilte 'na sáinrith, níl pingin im' láimh ná réal,
Níl gnó ná obair le fáil ann, ach gorta san áit, mo léan.

Dá mbeadh sé agamsa im' phóca, airgead buí is bán,
Do raghainn isteach go Nua Eabhrac, is is tapaidh a thógfainn bád
Do bhéarfadh mise go hÉirinn i measc mo ghaolta arís,
Is ní thiocfainn ar ais 'on stát seo go leagfaí *free trade* sa chill.

The Destruction of Thomas

I'll write a letter tomorrow, and send it across the wide sea,
Telling my friends and relations that in poverty sadly I weep,
Neither man nor woman is earning, no wages, rent not keep,
Free trade has ruined us all here, and the States are full of fear.

This time last year, I was gorgeous, done up in a yellow tie,
A vest, and a trousers to match it, and a tall hat gave me pride.
Shoes of the smoothest leather, and a coat of the superfine,
And at the time of the church collection, I was always there with a five.

Bad luck to you, nasty Russell, and Collins, you know no shame.
You promised us full employment, and every day with good pay,
But now the mills are silent, no dollar or dime's to be made,
No sign of work or employment, but hunger and want in its place.

If I had money in store now, copper or paper or gold,
To the quayside I'd make my way early, and pay for a place on a boat
I'd sail out from there back to Ireland, to be with my people at home,
Never to come back here, Stateside, while the cursed *free trade* runs the show.

Tháinig ábhar áirithe ar ais ó Mheiriceá — Amhrán na Mianach, mar shampla, ó Butte, Montana, mar a raibh

'…solaisín caoch ar mo hata
ar maidin le fáinne an lae.'

Cuid mhaith de na píosaí cumadóireachta a tháinig anall, thánadar ó dhaoine nár thaitin nó nár réitigh saol Mheiriceá leo. Is dócha go raibh tionchar ag na píosaí sin leis an dtuairim atá coitianta in Éirinn gur chaith an t-imirceach saol duairc, uaigneach i Meiriceá. Níorbh fhíor san dá bhformhór. Bhí saol breá i Meiriceá acu, agus bhíodar an-bhuíoch. Scríobhadh an píosa thuas aimsir ghéarchéim mhór na dtriochaidí, nuair a thit na Stáit as a chéile, sa tslí is gur fágadh mórán daoine bochta faoi ocras. Dá mbeadh fiacha an turais abhaile acu, thiocfaidís ar cos in airde. Ach bhí fiacha an phasáiste i bhfad níos costaisí an uair sin ná mar atá anois, agus cailleadh go dearóil cuid mhaith acu, sa Bowery, i mBellevue, i gcúlshráideanna Dorchester, gan aon duine chun iad a chaoineadh, ná a chur go creidiúnach.

This is a scary echo of how things are today. It is also unusual in that it is a piece composed in America which made its way home, and remains in the folklore. It dates from the thirties of the last century, and reflects the deep depression that struck the United States during that period. Unemployment was rife, and many lacked the money to buy a passage home (comparatively speaking, much more expensive in those days), so they wandered homeless in search of work and food and shelter. Many died. Here is another insight into the land of opportunity: disaster can strike anywhere.

The Irish in America gathered together against disaster, something they do to this day. The poor help the destitute, and they struggle through together. The pain of homesickness, for those far from home, is greater in difficult times. At the time when these lines were written, those at home could at least grow, or fish for, enough food to keep them alive. They could dig enough turf to keep minimal heat. They could spin, knit and weave their own wool to clothe themselves. These simple, important skills are today largely forgotten. The western world, in its increasing 'sophistication', may yet find itself lacking in survival skills, know-how that was commonplace among earlier generations.

Seanfhocail

Nuair a bhíonn an leabhar againn, ní bhíonn an léann againn.

Owning a book does not mean possessing education.

Tosach ceatha ceo, tosach catha gleo.

Mist precedes a shower, noise precedes a battle.

Tosach ceatha ceo, tosach catha gleo.
Mist precedes a shower, noise precedes a battle.

Bíonn leacacha sleamhaine i dtithe daoine uaisle.

There are slippery flagstones on the floors of the wealthy.

Bíonn leacacha sleamhaine i dtithe daoine uaisle.

There are slippery flagstones on the floors of the wealthy.

Is fearr súil le muir ná súil le huaigh.

There is hope for a return from the sea but no hope for a return from the grave.

Is fearr súil le muir ná súil le huaigh

There is hope for a return from the sea but no hope for a return from the grave.

Maireann an chraobh ar an bhfál, ach ní mhaireann an lámh do chuir.

The tree long outlives its planter.

Maireann an chraobh ar an bhfál,
ach ní mhaireann an lámh do chuir
The tree long outlives its planter

Is ins na seanfhocail is achomaire a thagaimid ar an bhfios — agus faightear an seanfhocal ins gach aon chultúr ar domhan. Is minic leaganacha den seanfhocal céanna le fáil i gcultúir éagsúla. Ins na seanfhocail atá roghnaithe anseo, pléitear go háirithe leis an bpraiticiúlacht. Seachas "Maireann an chraobh ar an bhfál," insíonn gach aon cheann eile acu fírinne shimplí, chiallmhar. Níl aon tsárú ar an mbás, ná aon fhilleadh uaidh. Ní fiú dhuit a bheith ag gabháil do shaothar ar bith nach bhfuil ag dul leat. Ní féidir uisce a thaoscadh le criathar, agus ní féidir an tslat atá cruaite le blianta a chromadh ach mar a thograíonn sí féin é. Maidir le tosach catha — feicimid é seo go rialta ar ár scáileáin físe. D'fhéadfaí tuairim a thabhairt ar cá mbeidh achrainn na todhchaí ach éisteacht leis an ngleo atá go laethúil ar an nuacht. Agus maidir le tithe daoine uaisle — is mó duine le déanaí, fiú amháin daoine a cheap go raibh an uaisleacht bainte amach acu — a fuair amach gur shleamhain go deimhin iad na leacacha ar a rabhadar ina seasamh.

Every culture has its proverbs, epigrams that carry meaning, in a pointed, often amusing way. In the examples here, there is much that is pragmatic. War is, generally, preceded by loud protestations justifying whichever armed conflict is planned. There are no truly efficient systems in place to avert disaster when these protestations begin. Many people have found to their chagrin that trying to live among the ultra-rich presents unpredictable problems. Education and book-learning are recognized as being quite different things — and in this age of mass communication, it might be useful to reflect on that. Emigration has been the norm for the majority of our children for generations. It is a sad truth that until recent times there was little hope of ever seeing again the emigrant son or daughter. There was, of course, no hope at all of seeing again in this world the one who had died.

Coimín na Tíorach

Tá smúit agus brón ar m'intinn is ar m'aigne fhéin,
I gCoimín na Tíreach san oíche 's gan duine ach mé fhéin,
Nuair a dh'éirím san oíche, bím ag smaoineamh is ag machnamh dom fhéin,
Go bhfuil mo ghrá sínte thíos i gCill Sheanaigh ó inné.

Do dh'fhág Cáit ansúd mé go dubhach is gan duine ach mé fhéin,
Is do chuaigh sí i mbord árthaigh ón Spá le fairsinge an lae,
Do seoladh anonn í mar a ndeaghaidh an dúthaigh ón nDaingean go léír,
'Is ní thiocfaidh sí chugamsa le haon chuntas faid a mhairfidh mé fhéin.

Cuirfeadsa caint chuici scríte i mblúire páipéir,
Is cuirfidh sí cabhair chugamsa, flúirse is nach ait é mo scéal.
Ceannóidh sé plúr dom, siúcra, tobac agus tae.
Is beadsa insa chúinne go súgach i ndeireadh mo shaoil.

B'fhéidir le hÍosa gur bréag atá siad a' rá,
Is go dtiocfaidh sí arís chugam fé shíodaí is airgead bán,
Go mbeidh aici bólacht do bhuaibh óga is fear álainn óg,
Is go mbeid siúd im chaoineadh is mé sínte lag marbh ar bord.

73

Coimín na Tíorach

My heart and my mind are deeply ravaged with pain,
In Comeen na Teerach, alone for ever again,
When deep in the night, my thoughts keep me weeping awake,
I mourn my love sleeping deep in a Kilshannig grave.

Then Cáit emigrated, and sailed from the Spa in Tralee,
Aboard a great boat, and there's no one left here but me,
She followed the neighbours across to the land of the free
And there she'll remain, and here it's alone I will be.

I will send her speech put down on a clean written page,
She won't forget me, she'll keep me alive with her aid
I won't lack for flour, for sugar, sweet milk or for tay,
And alone though I'll be, I'll have peace and plenty in age.

And God may bless me, and things may come to my way,
One day I may see her in silk with money to spare,
With a flock at her feet, and beside her a handsome young swain,
They will live here with me, and weep at my death of old age.

74

My heart and my mind are deeply ravaged with pain,
In Comeen na Teerach, alone for ever again,
When deep in the night, my thoughts keep me weeping awake,

Ceann de na hamhráin áitiúla is deise sa cheantar, seanduine ó Chlochán Bhréanainn ag caoineadh báis a mhná agus imirce a iníne. Is mó duine a caoineadh ins na blianta ó lár na hochtú aoise déag, an uair a thosnaigh na sluaite ag ardú a seolta go dtí an Oileán Úr. Caoineadh íogair, pearsanta, is ea é seo. Fear bocht a chuir an bhean chéile go raibh sé go domhain i ngrá léi, agus gur imigh a aon-leanbh go Meiriceá. Níor thóg sé uirthi é, ach chaoin sé a uaigneas agus a aonaracht féin ina ndiaidh.

Is deas é go bhfuil a fhios againn gur fhill Cáit, agus gur mhair a hathair go sásta go deireadh a shaoil. Ó dhuine dá sliocht, Méiní, a bailíodh an t-amhrán seo. Cantar fós sa Leitriúch é.

A song from the collection of Aidan and Síle Mulcahy, this was composed by a widowed father, mourning both his wife, who has died, and his only daughter who has emigrated from the port of Tralee, to America. An interesting note is that, despite her father's despair, the girl managed to return and settled back on the family holding. She was, in fact, an ancestor of Méiní from whom Aidan Mulcahy collected the song.

We have in the last line an allusion to the Irish wake pattern: with fine linen sheets and surrounded by candles, the dead were laid out on the kitchen table. They lay there at the heart of the house: included in all the sadness and all the joy and fun that attended Irish wakes, especially those of the very old. Cáit, the daughter, would weep, but with a natural, bearable, sorrow.

The lesson is clear — life does bring good as well as bad, often unexpectedly, and hope is always justified.

Na hAonta

An chéad aon dem' aontaibh, beidh Loch Léin 'na sheasamh ar bith
An dara aon, ní bheidh tréan i nGearaltachaibh;
An tríú aon, is claon is is cleasaí é a gcoir;
An ceathrú aon, ní bheidh éinne i nDúith' Ealla dem shliocht;
An cúigiú aon, beidh Éire ag Sasanachaibh;
An séú aon, beidh piléir á gcaitheamh acu;
An seachtú aon, beidh an Chléir le heagla ag rith;
An t-ochtú aon, beidh Éire go haltaibh i bhfuil;
An naoú aon, beidh na céadta marbh ar muir.
An deichiú aon, mo léan, cé mhairfidh ansan?

An chéad aon dem' aontaibh, beidh Loch Léin 'na shea
An dara aon, ní bheidh tréan i nGearaltachaibh;
An tríú aon, is claon is is cleasaí é a gcoir

The Auguries

The first augury, Lough Leane will be dry as a drum;
The second augury, the day of the Geraldine is done;
The third augury, of tricks and of schemes they were full;
The fourth augury, my seed from Duhallow has gone;
The fifth augury will have Erin in Sassenach grip;
The sixth augury they'll fire their bullets from guns;
The seventh augury, the clergy in terror will run;
The eighth augury, we will be to our ankles in blood;
The ninth augury, hundreds will die on the sea;
The tenth augury, alas, who will live this to see?

78

Bhí an fháistine go dlúth sa traidisiún, agus deireadh an domhain tuairiscithe go minic ann. Má b'fhíor do Mhaolsheachlainn, níorbh fhada uainn — ní raibh le beith ann ach an pápa atá anois ann, b'shin é deireadh an líne. Ach ansin roghnaigh an Pápa nua an ainm Proinsias nuair a bhí Petrus Romanus leagtha síos dó, rud a fhágann an phraiseach ar fud mias Mhaolsheachlainn. I dtairngreacht Naomh Pádraig, deirtear go mbáfar Éire seacht mbliana roimh dheireadh an domhain. Agus fiú amháin go logánta, tháinig an fháistine i gceist. Ina leabhar *Is Trua ná Fanann an Óige*, deir Mícheál Ó Guithín ón mBlascaod Mór go raibh, le linn a óige, lá tuartha go raibh Réiltín an Eireabaill le titim as an spéir, agus deireadh an domhain le teacht dá dheascaibh. Bhí gach éinne scanraithe. Chuaigh Mícheál i bpoll i mbaraille na báistí a bhí, rud ab annamh leis, folamh. Cheap sé go mb'fhéidir ná dófadh an réiltín ansan é. Níor thit Réiltín an Eireabaill, ach thit tulcadh báistí, agus bhí splancacha agus toirneach ann. Bhí a raibh ar an Oileán deimhnitheach go raibh a bport seinnte. Agus ba dhóbair nár báthadh Mícheál bocht nuair a líon an bairille le huisce na stoirme.

Ins na hAonta anseo, labhartar ar stair phearsanta, ar stair na Mumhan, ar stair na hÉireann agus b'fhéidir ar stair an domhain. Is féidir léamh a chur orthu a thabharfadh le fios gur thiteadar ar fad amach, ach an ceann deireannach. D'imigh Ridire an Ghleanna, sileadh fuil, scanraíodh cléir, báthadh na céadta ar muir, agus ní haon uair amháin é. Níl romhainn mar sin ach an an deichiú Aon...

Prophecy is always popular, and doomsday prophecies have resounded through the ages. In this particular example, there is food for thought. Lough Leane in Killarney shows no sign of going dry, but in the age of global warming, who knows? The day of the Geraldine is certainly done, and the death in September 2011 of the Knight of Glin was universally regretted, both for his personal patriotism and for the death of an ancient Norman title. The Normans were the "Foreign Gaels", becoming more Irish than the Irish themselves. Therefore, the third augury is somewhat obscure. The Geraldines were not renowned for trickery — certainly no more than the rest of us. The fifth augury was true until 1922, and is still true of Northern Ireland. And indeed they fired bullets in plenty. The seventh augury, until recently, might have been thought to refer to the Penal Laws brought in by Britain, under which no Catholic priest could work in Ireland, under pain of death. However, recent Church scandals may also have relevance here. The ninth augury could refer to the sinking of the Lusitania, in 1915, drowning 1,198 people. Or the Belgrano. Or the Titanic. And the tenth: well, that's the Doomsday prophecy. Who indeed will live?

Ortha an Tromluí

Anna, máthair Muire,
Muire, máthair Dé,
Cros na speann im' shaoradh
Ar gach ainspiorad atá ar mo thí,
Agus an chros gur céasadh Críost uirthi
Idir mé agus an tromluí.

Charm against Nightmares

Anna, mother of Mary,
Mary, mother of God,
May the spined Cross save us
From all evil spirits that threaten us
And may the Cross on which Christ was crucified
Stand between me and the nightmare.

82

Is beag galar ná gúta ná aicíd ná mí-ádh sa tseanashaol ná go raibh paidir a leighiste ann. Seo í an phaidir a bhí ag mo mhuintir féin in aghaidh an tromluí. D'oibrigh, agus oibríonn, sí. Tá leaganacha eile den ortha seo coitianta sa bhéaloideas bailithe, ach seo í an ceann gur féidir liom a bheith cinnte go bhfuil sí fós in úsáid. Rud spéisiúil an tromluí — is coitianta i ndaoine ná i ndaoine eile í. Tagann sí go leanúnach, uaireanta. Sin é an uair a bhaintear úsáid as an ortha. Le linn dul a chodladh, an té go raibh tromluí le trí oíche air, déarfadh sé an ortha seo, agus chodlódh go sámh.

There are many versions of this charm, and this is the one in use in my house. Some people are more prone to nightmares than others, and in my family, my father's side suffered many. This is the charm he taught me long ago to deal with them. I taught my children in turn, and down to the youngest generations, we can vouch for its adequacy. Most people will feel that it works because we believe that it will. But isn't that fine? More and more, science is coming to believe that things are both more complex and more simple than has been thought, and that the processes of mind, soul and body are more interlinked than simple scientific descriptions can encapsulate.

Caisleán Ráthanáin

Nuair a bhí an caisleán le tógaint, sa tríú haois déag, ag Ridire Chiarraí, an Normannach a ghlac ceannas ar chuid mhaith de thailte Chorca Dhuibhne, bhí sé le tógaint ar dtús ar an gCathair Ard, os cionn an chuain ar an dtaobh thoir de Pharóiste Fionntrá. Ach is dealraitheach go raibh duine éigin curtha san áit sin nár theastaigh uaidh go gcuirfí isteach air, mar labhair glór leis an Ridire agus é ag dul i mbun oibre:

A dhuine uasail thaoibh a' chuain,
Ná tóg díom suas mo leacht
Ach tóg do chaisleán i Ráthanáin
Mar is ann a bheidh ort rath.

Agus go deimhin, bhog an Ridire go Ráthanáin mar a raibh an rath air féin agus ar a shliocht, ar feadh na gcéadta bliain ar aon chuma.

Ráthanáin Castle

When, in the thirteenth century, the Knight of Kerry was about to build a castle in Ventry, his first choice of site was in Cahirard, over the harbour. It appears, however, that he had selected the resting place of a previous, long-dead owner, who resented the intrusion, and addressed the Knight as follows:

Oh, hear me, hear me, noble Knight,
And leave my grave inviolate.
In Rahinane, with fortune bright
Build your keep and there you'll thrive.

And indeed in Rahinane, for hundreds of years, the Knight of Kerry prospered.

Tá an scéal seo fós ag gach aon leanbh i bparóiste Fionntrá. Más fadó féin a tharla sé – nó munar tharla sé in aon chor, rud is dócha – creidtear ann. Pé duine atá curtha ins an Chathair Ard ní foláir nó gur dhuine cumhachtach, tábhachtach é. Níl a anam imithe ón áit, rud a cheapfá a bheadh tar éis na gcéadta bliain. Ritheann sé sin le creideamh daingean na ndaoine sa tsaol eile, an creideamh a thuigeann ná fuil sa bhás ach tosach beatha. Agus léiríonn sé gur timpeall orainn atá an saol eile sin – faoi mar a dúirt Faeilí, seanduine de chuid an Oileáin Tiar a chaith deireadh a shaoil i nDún Chaoin, mar gheall ar a shinsear féin "is dócha go bhfuil siad ina mbeathaidh fós ag iascach ansan agus ná cíonn tú iad."

In this little anecdote, we note the firm belief in an afterlife. It surrounds us, normally invisible and inaccessible. There are, however, numerous tales of inter-world interaction. This is a particularly special one, since the person speaking has been so long interred that all living memory of him has been forgotten. The event is said to have taken place around the thirteenth century when the Knight of Kerry was planning his buildings.

Usually, only those who have recently left come and visit, and only then in times of extremity. There is a local family in which three fine young men in their twenties died of TB in the space of one year. It is said that Mike, the eldest, promised his father that he would come to warn him when the father's time was near. As it happened, the father died young himself, and the family believes implicitly that Mike kept his promise.

This is the norm in the tales of ghostly visits. The recent dead or the family members are the most commonly seen. Whoever is buried in Cathair Ard must either be remarkably powerful or particularly attached to his resting place.

In Corca Dhuibhne, the veils between this world and the other are not seen as being completely opaque. Therefore, magical unexpected things can happen, and they often do. Or so people believe, and in the end, the belief itself is magical.

Beannacht

Conas tá an misneach?

Greeting

How is the courage?

How is the courage?

Ar an misneach a mhairimid. Coimeádann sé an dé ionainn, nuair a chaithimid coimeád sa tsiúl, agus an saol dorcha timpeall orainn, go dtí go ngealann an ghrian arís dúinn. Rud a dhéanann, le foighne. Aithníonn an beannú coitianta seo i gCorca Dhuibhne tábhacht an mhisnigh, tuigeann sé a leochaileacht, tacaíonn sé lena fhorbairt. Léargas deas é ar fhealsúnacht an chultúir.

Éilíonn gach aon tsaol agus gach aon tréimhse sa tsaol, a mhisneach uathach féin. Agus ins na laethanta diana trína bhfuil an oiread sin daoine ag streachailt faoi láthair, ní mór misneach a chothú. Níl aon rud buan. Casfaidh an roth. Mar a deir ráiteas gaoiseach eile:

"Is mairg a báitear le linn an anaithe
Mar tagann an ghrian i ndiaidh na fearthainne."

This is a common greeting in Corca Dhuibhne. It reveals a great deal about the culture of the region. Courage is fundamental to a good life, sustaining us through the bad times, allowing us to reach the good. The question in itself implies communal support for the individual in daily life. It indicates a comprehension of the volatility of courage: it need not always be strong, it may waver, it needs support and development.

In modern society where chaos threatens, and social systems appear under strain, the need for courage is manifest. It is well to remember that cycles change. The sun shines again, no matter how strong the storm. We endure, things will improve. Keep up your courage, and accept the help of those who help you to sustain it.

Brenda Ní Shúilleabháin

Scéalaí is ea **Brenda Ní Shúilleabháin**, trí mheán cainte, scríbhinne agus scannán. Sa leabhar seo, tugann sí blaiseadh de scéal saíochta a sinsear, agus ceanglaíonn sí le saol an lae inniu é. Baineann an chuid is mó dá saothar físe agus liteartha lena pobal dúchais, *Corca Dhuibhne*. Ins an dá shraith teilifíse *Bibeanna* agus *Bibeanna Mheiriceá*, insíonn sí scéalta ban *Chorca Dhuibhne*. Bhí a leabhar, *Bibeanna*, ar ghearrliosta duaise Glen Dimplex, 2008. Taispeánadh sraith ocht gclár, *Fearaibh Fionntrá*, 2012 agus 2013, cláracha a thaitin go mór le daoine. Roimhe sin, bhí sí ina múinteoir, agus bhain sí ard-taitneamh agus tairbhe as a tréimhse mar phríomhoide ar Scoil Chrónáin i Ráth Cúil. Le déanaí, d'ullmhaigh sí téacs an leabhair *Corca Dhuibhne*, bailiúchán de íomhánna cumhachtacha Duibhneacha an ealaíontóra, Liam Ó Néill.

Sa bhliain 2007, stiúraigh agus léirigh sí an tsraith *Rince ar Phár*, sraith nuálach, tráthúil ar litríocht chomhaimseartha na Gaeilge. Tá Brenda pósta le Mícheál Mac Ginneá, agus tá triúr iníon acu, Déirdre, Aoileann agus Sibéal.

Brenda Ní Shúilleabháin is a story teller in speech, in writing and in film. In this book, she reaches back to the stories of her ancestors, and demonstrates the relevance of the ancient in the modern. She was born in West Kerry where Irish is still spoken as native, and where there is a rich body of tradition. Brenda has recorded the oral histories of the women of the area in *Bibeanna* and *Bibeanna Mheiriceá*, two series of documentaries for TG4. Her book, *Bibeanna (Memories from a Corner of Ireland)* was nominated for the prestigious international Glen Dimplex award in 2008. The eight part series, *Men of Ventry* broadcast on TG4 in 2012 and 2013 belied the myth that men don't, can't or won't communicate. She has recently completed the textual element and foreword of *Corca Dhuibhne*, a Brandon Books publication of works by the artist Liam O'Neill.

In 2007, she produced and directed *Rince ar Phár* a groundbreaking series of seven documentaries on literature in Modern Irish. She originally qualified as a teacher and her time as Principal of Scoil Chrónáin, Rathcoole, Co. Dublin was a very rewarding and productive period of her life.

Brenda is married with three daughters, and divides her time between Ventry, near Dingle, and Rathcoole, near Dublin.

Lanka Haouche Perren

Grianghrafadóir Francach atá ina chónaí in Éirinn ó 1999 is ea **Lanka Haouche Perren**. Bronnadh sparánachtaí ar thograí leis ón gComhairle Ealaíon, 2011 agus 2013. D'oibrigh sé ar 4 ghearrscannán d'Fhoras Ailtireachta na hÉireann a taispeánadh ag 11ú Biennale Ailtireachta Idirnáisiúnta na Veinéise 2008, agus stiúraigh sé an gearrscannán _As Láthair_ faoi choimirce na Roinne Oideachais agus Eolaíochta agus Áras Nua-Ealaíne na hÉireann.

Taispeánadh a scannán _Les Questions Élémentales_ ag Féiltí Gearrscannán Aesthetica i Sasana, agus Belgrade, ag Féile Filíochta Zebra i mBerlin, agus ag Fleadh Scannán na Gaillimhe agus Féile Scannán Corona i gCorcaigh.

D'oibrigh sé mar ghrianghrafadóir agus mar eagarthóir ar _Blood Rising_ (Mark McLoughlin, Reel Art, 2013), scannán inar phléigh an t-ealaíontóir Brian Maguire le fadhbanna dúnmharaithe ban i Ciudad Juarez, Mexico. Lean taispeántas grúpa ag VISUAL i gCeatharlach an saothar sin.

Faoi láthair, tá gearrscannán turgnamhach, _For the Doll Again_ á chríochnú ag Haouche Perren, agus tá sé ag obair ar shraith grianghraf a léiríonn leanaí in institiúidí cónaithe i mBelarus.

Lanka Haouche Perren is a French photographer and filmmaker graduated from the Conservatoire Libre du Cinéma Français in Paris. He came to live in Ireland in 1999. He has been awarded a Film Project Award in 2011 and 2013 from the Arts Council of Ireland.

He has worked on 4 short films for _The Lives of Spaces Exhibition_ (2008) funded by the Irish Architecture Foundation at the 11th International Architecture Biennale, Venice and directed the short film _As Láthair/Off Site_ (2008), which was funded by the National Programme of the Irish Museum of Modern Art, and the Department of Education and Science.

His most recent film _Les Questions Élémentales_ has been selected and screened for competition at the Aesthetica Short Film Festival - UK, 6th Zebra Poetry Film Festival – Berlin, 60th Belgrade Documentary and Short Film Festival, 57th Corona Cork Film Festival, Galway Film Fleadh amongst others.

Haouche Perren documented and photographed Irish artist Brian Maguire and the mothers of the Femicide victims of Juarez, Mexico, in the making of the film _Blood Rising_ by Mark McLoughlin (Reel Art 2013). He also edited and partly filmed this feature documentary, which premiered at the Jameson Dublin Film Festival in February 2013. The collection of photographs taken for this project was part of a group exhibition held at VISUAL, Carlow, titled _An Oasis of Horror in a Desert of Boredom_ in 2012/13.

Haouche Perren is currently finalizing a short experimental film titled _For the Doll Again_, and working on a series of photographs portraying institutionalized children in Belarus.